INFLUENCE
DE LA RÉVOLUTION,
SUR LE THÉATRE FRANÇOIS;
PÉTITION A CE SUJET,
ADRESSÉE A LA COMMUNE DE PARIS.

A PARIS,

Chez DEBRAY, Libraire, au Palais-Royal;
fous les Galeries.

1790.

INFLUENCE DE LA RÉVOLUTION, SUR LE THÉATRE FRANÇOIS.

Aurai-je des lecteurs? Tous les regards sont fixés sur l'Assemblée Nationale; & les Théâtres sont oubliés. Tous les hommes sont des législateurs; toutes les conversations sont des législations : & moi je parle de théâtre. Je me rends justice. Les grands intérêts de la Nation sont au-dessus de ma portée. Je n'ose critiquer les opérations de nos Députés, parce que ma foible vue en mesure à peine l'étendue. Pris dans le sein du peuple, nommés par le peuple, j'aime à croire qu'ils justifieront un choix si honorable, & je ferme les yeux sur leurs décrets, jusqu'à ce que, éveillé par le cri solemnel de la promulgation, j'unisse mon approbation à l'approbation universelle.

Cependant, au milieu de cette suspension générale des arts, des talens, du commerce; dans cet état d'incertitude & d'alarmes, qu'amènent l'abotition des anciens modes & l'attente d'une constitution prochaine, me sera-t-il permis de manifester mes craintes? Epris de l'art dramatique, quoique fournissant une autre carrière, ne puis-je pas mettre au jour des réflexions nées dans une méditation longue & soutenue du théâtre, & accrues par les circonstances actuelles. Je serai toujours le premier à rétracter mes idées, pour me ranger sous un avis meilleur. C'est moins l'adhésion de mes lecteurs, que la communication de leurs observations, que je demande en publiant les miennes.

Sans fouiller ici l'origine des théâtres en France, rappelons seulement une de leurs plus fameuses époques. Avant Louis XIV, les Comédiens n'étoient qu'une troupe de bâteleurs errans, comme sont aujourd'hui les porteurs de marionnettes & de lanternes magiques. Ils dressoient leurs tréteaux sur les places publiques & dans les foires. Ils amusoient l'imbécillité du peuple, par des caricatures & des farces. Louis XIV naît. Le siècle, j'oserois le dire, la nature est comme en travail. De cette laborieuse révolution il résulte des héros de tout genre (1). Louis XIV institue, protège, encourage, récom-

---

(1) Cette crise célèbre ne sauroit être mieux comparée qu'à celle qui nous agite aujourd'hui. Louis XIV dissipa les ténèbres de l'ignorance & de la barbarie. Louis XVI anéantit les vexations du despotisme & de la féodalité. La première crise amena la seconde. Louis XIV, tout despote

pense. Sous sa main vivifiante, les talens s'empressent d'éclorre. Louis XIV triomphe de l'Europe entière liguée contre lui. Le génie de Molière s'allume au récit des victoires : il brise les tréteaux ambulans, trop vils pour l'objet qu'il se propose. Le feu de ses écrits purifie sa troupe. Une noble ambition les anime. Il faut chanter les conquêtes & fêter le conquérant. De-là ces fêtes magiques qui tant de fois ont transformé l'asyle du souverain en un palais enchanté. De-là cette dépendance immédiate & servile, qui, jusqu'à ce jour, a enchaîné les Comédiens à la Cour. De-là ce despotisme des Gentilshommes de la Chambre sur le régime de la troupe. De-là cette autorité arbitraire de la censure sur les œuvres dramatiques. Molière avoit fixé sa troupe & son théâtre dans une maison royale. Louis XIV l'honoroit de sa protection & de sa préférence. Il le défendoit contre une troupe rivale & jalouse, bien faite pour alarmer par les grands talens qu'elle renfermoit. Il lui confioit le soin de célébrer ses triomphes. Toutes ces raisons enchaînoient Molière à son Roi. Ses successeurs paroissent. Mais les chaînes étoient forgées, & ils n'ont osé les rompre. Jaloux de conserver les privilèges accordés à leur instituteur, glorieux de la prérogative exclusive d'amuser la plus opulente Cour de l'Europe, loin

---

qu'il étoit, a, sans le savoir, ébauché le grand œuvre que finit aujourd'hui Louis XVI.

de murmurer de leurs entraves, ils les ont eux-mêmes renforcées volontairement.

Le public, de son côté, accoutumé à respecter aveuglément les institutions nées sous les auspices du Souverain, en a savouré machinalement les agrémens, sans en étudier la source, les abus, & sans en prévoir les conséquences. Les yeux encore tout éblouis de l'éclat qu'a jeté Louis XIV, le François est resté long-tems sans oser envisager la majesté du trône. Les agens de la tyrannie, maîtres du théâtre & de la censure, élaguoient, des œuvres dramatiques, les vérités fermes & lumineuses, qui nous eussent dessillé les yeux, pour y substituer un système faux & ministériel, qui consacroit & érigeoit en principes les usurpations tyranniques. Le despotisme ainsi modifié & administré avec tout le charme qui accompagne l'illusion dramatique, prenoit insensiblement la teinte & le nom d'une vérité fondamentale (1); & les Comédiens, sans trop s'en douter, étoient les plus habiles ministres de la tyrannie. Trompés par la politique des despotes, ils nous trompoient eux-mêmes involontairement; & si les institutions théâtrales ont été funestes, ce n'est

---

(1) Je suis à concevoir comment ce vers de Mérope :

Le premier qui fut Roi fut un soldat heureux.

est échappé à la sagacité des Ministres & des censeurs, qui leur sont vendus. Ce vers a fait la révolution actuelle.

pas, comme a dit Rousseau, pour avoir altéré les mœurs, mais pour avoir long-tems combattu, par des opinions frelatées & mutilées, l'influence des vérités philosophiques.

Mais aujourd'hui un nouvel ordre de principes & de mœurs vient d'éclorre. Les Grands, le Roi renoncent aux usurpations de leurs ancêtres. La Nation fonde sa constitution sur l'égalité & la liberté. Le Monarque, placé entre le Peuple & ses Représentans, est désigné lui-même pour être le défenseur de ce nouveau pacte social. De cette révolution va naître, sur-tout à Paris, la décadence des théâtres, s'ils ne sont régénérés dans l'esprit même de la constitution. Je développe mon idée.

D'abord la révolution actuelle va nécessairement entraîner la chûte du Théâtre François, dans la Capitale.

Depuis Molière jusqu'à ce jour, le Théâtre François n'a cessé de maintenir & d'accroître sa splendeur. Les talens des auteurs & des Comédiens n'ont point augmentés. Mais la manie du théâtre s'est toujours propagée, & cela par une raison facile à saisir. Le Théâtre François, comme je l'ai déjà dit, étoit voué & comme asservi à la Cour. Depuis Louis XIV jusqu'à nos jours, la royauté n'a cessé d'usurper & de s'aggrandir; les Grands, les ambitieux n'ont cessé d'assiéger le trône, puisqu'il étoit l'arbitre unique des faveurs & des richesses. La toute-puissance résidoit dans Versailles, le séjour du Souverain, & dans Paris, le séjour des Grands & des ambitieux. Hors de ces deux cités, & jusqu'aux extrémités de l'empire, le tableau de l'esclavage & de la misère offensoit tous les regards. Dans Paris & dans Versailles, la magnificence, les grandeurs, les plaisirs, les enchantemens sourioient à tous les yeux. Les curieux, les oisifs, les riches, les intrigans, les artistes quittoient en foule des provinces appauvries & malheureuses, pour grossir la cohorte des satrapes, & se porter au sein de l'opulence & du bonheur. Ainsi toutes les fortunes & tous les talens s'entassoient autour du Monarque. Son palais desséchoit toutes les parties du royaume, pour aviver le cercle très-limité qui le renferme. Paris, comme le centre de ce cercle, absorboit ainsi, dans son enceinte, la substance des provinces.

Ajoutez à cela l'énorme compétence de son Parlement qui, lui seul, juge presqu'autant que tous les Parlemens ensemble, & qui ne contribuoit point, par conséquent, à faire refluer, sur les parties paralysées de l'empire, la chaleur & la vie. Dans ce tourbillon mouvant & très-circonscrit de riches & de richesses, de curiosités & de curieux, d'arts & d'artistes, comment le Théâtre François eût-il pu dégénérer ?

Mais aujourd'hui la scène change. Toutes les distinctions honorifiques & pécuniaires disparoissent. Le Roi n'est plus que le premier citoyen. Ce ne seront plus les richesses, les protections, les cabales & un seul homme qui distribueront les places. Les talens & le patriotisme seront désormais les seuls chemins qui conduiront aux honneurs. Les Intendans, les Gouverneurs, après avoir semé l'or & rampé, pendant dix ans, dans la foule obscure des courtisans, obtenoient enfin le privilège exclusif de vexer les provinces & de pomper leur substance, pour la porter dans le gouffre commun. Aujourd'hui les provinces nommetont leurs administrateurs. Les provisions données aux agens publics, seront scellées de l'estime publique. Dès-lors les intrigans, les gens avides, les ambitieux se divisent & refluent dans les provinces. Première cause de dépopulation dans la capitale.

Les fortunes & les faveurs ainsi dispersées, la capitale présentera nécessairement aux curieux & aux étrangers moins d'attraits, aux artistes moins de ressource & d'encouragement. Nouvelle émigration. Seconde cause de dépopulation dans la capitale.

On reconnoît enfin (du moins dans l'opinion publique, qui aujourd'hui est souveraine), on reconnoît, dis-je, combien il est absurde de placer les juges à cent lieues de leurs justiciables. Le Parlement de Paris est justement menacé de perdre les deux tiers de sa jurisdiction. Troisième cause de dépopulation dans la capitale.

Sans parler de l'abolition du droit d'aînesse universellement desiré, qui rassembloit dans une seule main un patrimoine immense, que les propriétaires consommoient dans la capitale. Sans parler de la résidence également desirée des hauts-bénéficiers dans leurs bénéfices. Sans parler enfin de la destruction généralement demandée, des financiers, des banquiers, des agioteurs qui peuplent aujourd'hui le plus vaste & le plus brillant quartier de la capitale.

Oui, Paris doit infailliblement perdre la moitié de sa population & les deux tiers de ses richesses. L'état & les provinces y gagneront. Mais le Théâtre François est détruit ; que faire pour prévenir cette destruction ? Faut-il, pour la conservation du Théâtre François, rappeler le régime despotique & rentrer dans les fers ? Faut-il continuer de fatiguer & d'épuiser les provinces, par les concussions, les monopoles & les vexations des ministres & de leurs agens ? Non sans doute : & si le Théâtre François ne pouvoit être maintenu qu'à ce prix, certe il faudroit l'anéantir. Mais s'il existoit un moyen qui, sans toucher aux avantages de la révolution, régénéreroit le Théâtre François, & d'une institution d'agrément en feroit un objet d'utilité, sûrement il faudroit s'empresser de l'adopter. Or voici mes idées à cet égard.

Anéantir tous les forains & théâtres subalternes de la capitale ; ennoblir la profession du Comédien, faire du Théâtre François une inſtitution politique; tels ſont les moyens de le régénérer dans la capitale, & de l'établir ſur des baſes auſſi ſolides que celles de la conſtitution françoiſe.

Première section.

La deſtruction des ſpectacles en ſous-ordre me ſemble d'une néceſſité urgente & indiſpenſable. Je n'aurois point ici en vue la régénération du Théâtre de la Nation, je n'aurois que le bien public pour objet, qu'il faudroit anéantir à jamais ces écoles impudiques, où les mœurs ſont ridiculiſées, où les expreſſions les plus licencieuſes ſont auſſi les plus applaudies. Je ſuis encore à me demander comment de ſemblables établiſſemens ont pu être autoriſés; à moins que le gouvernement ne les ait ainſi multipliés pour étourdir le peuple ſur le ſentiment de ſes maux, & le diſtraire ſur l'exercice impreſcriptible de ſes droits.

Que ſont, en effet, nos pièces foraines? ſinon un amas indigeſte & monſtrueux de facéties groſſières, d'obſcénités ſcandaleuſes, de quolibets impurs, d'alluſions ordurières, où ſouvent l'équivoque de la lettre eſt expliqué par l'impudence du geſte; ſinon des cadres imparfaits, ſans proportion, ſans conſonnance, où les règles de l'art, les principes de la langue ſont totalement méconnus; ſinon des ébauches complaiſantes, offertes à un baladin qui les commente, les développe, & qui les orne de toutes les reſſources que lui fournit une imagination dépravée. Au milieu de cette déteſtable orgie, le nom de la vertu retentit quelquefois, mais il en eſt la caricature; & cet horrible mélange produit, dans un vulgaire ignorant, le bouleverſement de toutes les idées & la confuſion de tous les principes.

Tout le monde a remarqué que, ſingulièrement dans la capitale, le petit peuple eſt inſolent, fainéant & corrompu; les valets ſont imprudens, parleurs & faux; les jeunes-gens frivoles, ſans jugement, & dépravés avant l'âge. Mais perſonne peut-être n'en a deviné les motifs. Ils ſont dans l'extrême multiplicité des théâtres forains. Le peuple, attiré par la modicité du prix, court en foule y puiſer l'eſprit de diſſipation, le dégoût du travail & les raffinemens de la corruption. Les hommages qu'il y reçoit de la part des hiſtrions, l'empire abſolu qu'il exerce ſur eux, lui montent la tête. Il en ſort plus hardi & plus altier qu'il n'y eſt entré. Le valet vient s'aſſeoir, à ces repréſentations, à côté de ſon maître. Il vient y ſecouer ſes ſcrupules & s'exercer à l'inſubordination. Les applaudiſſemens prodigués, ſur la ſcène, aux valets indociles & frippons, deviennent ſon excuſe. Une gouvernante jeune, timide & ſans expérience, s'enhardit bientôt par les tableaux effrontés du théâtre forain.

D'abord isolée, bientôt les amans l'assiègent. Elle s'oublie, & communique aux innocentes victimes confiées à ses soins le poison de la corruption. Pères aveugles, pleurez maintenant sur la dépravation précoce de vos enfans! En vain, par vos exemples & par vos leçons, essayerez-vous de les régénérer. Fermez ces théâtres dangereux & meurtriers. Vous rappellerez insensiblement les mœurs dans toutes les classes de la société.

Les chefs de ces théâtres n'existent que par la dépravation. Ainsi, loin de l'arrêter, ils s'appliqueront à en faciliter la circulation, pour multiplier leurs bénéfices. Ils comptent si fort sur cette précieuse dépravation, qu'ils ouvrent gratuitement leurs théâtres à toutes les prostituées de la capitale, qui entraînent avec elles une jeunesse effervescente & désœuvrée, & qui font, de ces théâtres, des marchés publics de débauches, où

> Des beautés du jour la nation galante,
> Des sottises des grands à l'envi rayonnante,
> Promenant ses appas par la vogue enchéris,
> Vient en corps étaler des crimes à tous prix.
>
> GILBERT, 18e. siècle.

Qu'importe à ces entrepreneurs avides & faméliques, que la jeunesse se corrompe & s'énerve, que les générations futures s'éteignent? les billets sont distribués à leurs bureaux.

Il est tems, ou jamais, de proscrire ces infâmes

lycées de prostitutions & d'indécences. La constitution que nos législateurs méditent, fût-elle la plus parfaite des constitutions, fût-elle envoyée du ciel, n'aura jamais d'assiette solide sans les mœurs; parce que des mœurs résultent la subordination & l'harmonie, sans lesquelles point de constitution. Or, je soutiens que la première réforme à faire dans la capitale, pour y ramener les mœurs, c'est celle des théâtres forains, réforme à laquelle il faudra soumettre toutes les provinces. Voyez l'utilité qui va naître de cette précieuse destruction. La classe indigente, si dépravée dans Paris, si indisciplinable, si amollie, si désœuvrée, n'aura plus ni l'occasion ni les desirs de s'énerver & de se corrompre. Retenue, dans cette capitale, par l'attrait de l'oisiveté & des spectacles forains, lorsqu'elle n'y trouvera ni l'une ni les autres, elle refluera dans les campagnes dépeuplées (1). La classe domestique, moins dissipée, en deviendra plus subordonnée & plus fidelle. Elle conservera cette timidité précieuse qu'elle apporte des provinces, & qui ne s'en va qu'avec la vertu. L'enfance parisienne, que la nécessité livre à des mains mercenaires, garantie par une pudique ignorance, arrivera, innocente & pure, à son adolescence. L'adolescence, déjà pré-

___

(1) On est embarrassé pour diminuer, à Paris, la multitude des indigens & des gens sans aveu: qu'on réforme les petits spectacles.

servée par l'éducation première, n'ayant plus, d'ailleurs, sous les yeux, ces spectacles scandaleux, où la prostitution s'apprend & s'exécute, entraînée par moins d'exemples, opposera plus d'obstacles aux effervescences de la nature. Nous aurons plus d'hommes, une postérité plus nombreuse & mieux constituée. L'indigence émigrante des provinces, sachant que pour exister à Paris il faut être laborieux, assidu, honnête & rangé, dans une alternative égale de travaux & de bénéfice, préférera la salubrité des campagnes & la variété des plaisirs agrestes, à la monotonie des villes. Dès-lors, que de bras conservés à l'agriculture ! Dès-lors, que de cœurs conservés à la vertu !

Tels sont les avantages politiques qui, ce me semble, dériveront de l'anéantissement des théâtres forains. Ceux que le Théâtre François en retirera sont incalculables.

La Nation Françoise n'auroit-elle point à rougir, si les étrangers, qui nous regardent comme leurs maîtres dans l'art dramatique, savoient que les hoquets matins, les plates & grossières réticences du *père Duchêne* font déserter les chefs-d'œuvre de Molière ? Nos François actuels, qui tranchent du philosophe & du littérateur, accusent, avec raison, sans doute, l'ignorance de leurs ayeux, qui ont fermé l'oreille aux beautés immortelles du Misantrope. Et cependant ces mêmes François courent entendre quatre cents fois les dégoutantes facéties de Jeannot. La défaveur où languissent aujourd'hui nos chefs-d'œuvre dramatiques, l'extrême crédit donné aux platitudes foraines découragent les vrais talens. Un jeune-homme, appelé peut-être par la nature pour succéder aux grands maîtres, s'écarte des beaux modèles, & n'est plus qu'un farceur forain, lorsqu'il pouvoit devenir un poëte estimable. De-là cette disette de bons auteurs & de bons ouvrages. De-là, par conséquent, la désertion du Théâtre National & sa future destruction. Supprimez, au contraire, les spectacles subalternes; dès-lors les amateurs, les artistes & les poëtes refluent sur les grands théâtres; dès-lors Molière, Racine, & tant d'autres modèles, sont réhabilités. Ils ramènent leurs imitateurs à la sévérité des principes. La langue s'enrichit & s'épure. Le vrai, le simple, le sublime, l'honnête obtiennent seuls l'admiration publique. L'enthousiasme des vertus s'allume par l'enthousiasme des talens. Les limites de l'art sont reculées. Des milliers d'artistes descendent dans l'arène, & les prodiges sont oubliés par les prodiges. L'essort de l'auteur se communique au Comédien. Tous deux encouragés par les avantages productifs & glorieux d'un art aujourd'hui méconnu, s'identifient & réunissent leurs efforts, pour doubler les plaisirs du public. Le Théâtre François, pour qui désormais tous les ouvrages seront destinés,

nés, deviendra plus sévère dans le choix des pièces; & il donnera ainsi à son institution toute la pureté & toute l'utilité possible. Il n'admettra que les œuvres avouées par le talent, la vertu & les mœurs. Dès-lors il n'effarouchera plus les consciences timorées; & ses détracteurs seront les premiers à grossir la foule de ses partisans.

J'entends d'ici l'objection. Comment vouloir épurer le théâtre, si les Comédiens sont proscrits? J'entre naturellement dans ma seconde section, qui a pour objet de réhabiliter & d'ennoblir la profession du Comédien.

SECONDE SECTION.

Ce préjugé absurde, qui tache une profession estimable, me semble être la conséquence fausse d'un bon principe. Il est certain qu'avant la restauration du théâtre, les bâteleurs publics, qui étoient les seuls Comédiens du tems, méritoient, par les facéties scandaleuses qu'ils débitoient, l'anathême sous lequel ils vivoient. Sans domicile, sans patrie, sans consistance, souvent honteusement bannis par les leurs, ils fuyoient leur patrie, pour chercher, dans une vie errante, sous un nom déguisé, & dans un métier avili, une retraite contre l'opprobre qui les suivoit. Les scènes qu'ils représentoient dans les foires & sur les places publiques, n'étoient qu'un mélange monstrueux de farces dégoûtantes & de cérémonies évangéliques, qui soulevoient l'indignation des hommes sensés, & qui justifioient bien la proscription dont ils étoient frappés. L'Eglise, justement révoltée des profanations qu'ils commettoient; en lançant sur eux les foudres apostoliques, a corroboré, dans un siècle dévot & superstitieux, l'état d'avilissement qui couvroit leurs personnes & leurs métiers. Bientôt l'anathême de l'Eglise acquit, dans les esprits, la force du dogme. Les enfans, élevés dans ces principes, les ont transmis à leurs enfans: & la proscription des Comédiens s'est ainsi perpétuée jusqu'à nos jours. En vain Molière, par ses talens, par sa philosophie & par ses chefs-d'œuvre, a-t-il épuré & ennobli leurs fonctions; les impressions étoient données; elles avoient été sucées avec le lait & fortifiées par l'éducation. La multitude, soit ignorance, soit obstination, n'a point révoqué l'anathême. Des philosophes mêmes, entraînés par l'habitude, tout en estimant les personnes & les talens, flétrissoient la qualité. Ils voyoient une foule de jeunes-gens, admirateurs passionnés de Racine & de Molière, quitter une famille considérée, une expectative flatteuse, quelquefois même des états honorables & lucratifs, pour embrasser généreusement une profession où le talent & l'enthousiasme les appeloient. Ils voyoient ces mêmes jeunes-gens, dans une carrière libre, puisqu'elle étoit avilie, ne pas s'écarter cependant des principes févères qu'ils avoient reçus dans leur éducation, remplir les devoirs de l'homme & du citoyen. Ils les voyoient, dis-je, avec admiration. Mais la force du préjugé l'emportoit. Les infenfés! ils plaignoient des artiftes généreux, qui n'avoient écouté que l'impulfion du génie!.....

Ce préjugé barbare s'efface à la vérité tous les jours ; on commence affez généralement à bien apprécier les Comédiens actuels ; on fent enfin qu'un bon Comédien ne peut l'être qu'en réuniffant les avantages d'une éducation foignée, à la fupériorité d'un talent rare & difficile. On reconnoît que la plupart des jeunes-gens qui courent cette carrière, font des modèles d'urbanité, d'amabilité & de folidité. On les admet, par-tout, ou prefque par-tout, avec la diftinction que méritent tant de qualités eftimables. Mais le préjugé n'en eft pas pour cela moins en vigueur. Les efprits foibles, les provinces fur-tout, confervent encore contre les Comédiens les idées que nos aïeux en avoient conçues avant Molière : & il faut convenir que ce n'eft pas fans quelque fondement à l'égard des provinces. Les troupes vagabondes qui fe répandent dans les villes, fi l'on excepte quelques fujets tranfcendans, deftinés pour la capitale, n'autorifent que trop, par leur inconduite & leur ineptie, la féverité du préjugé. Mais d'où naît cet inconvénient ? La capitale me l'explique.

B 2

Les provinces, accoutumées à n'avoir que des Comédiens au dessous du médiocre, ignorans, faméliques, négligeant les costumes faute de ressource pour les établir ; les provinces, dis-je, iront-elles abandonner leur commerce & le charme des jouissances domestiques, pour bâiller en loge ? Non sans doute. Dès-lors les théâtres de province sont toujours déserts. Dès-lors les peuples n'apprennant point à bien connoître le Comédien ni sa profession, le préjugé subsiste. Les Comédiens découragés perdent bientôt les talens qui donnoient quelques espérances, ou bien ils s'empressent de les consacrer à la capitale. Les autres restent dans leur médiocrité ; privés d'encouragement & de produit, ils se livrent au désordre, pour s'étourdir sur leurs chagrins.

Paris, au contraire, enrichi des désertions des provinces, présente à ses habitans le théâtre le plus parfait qui puisse exister dans l'ordre actuel des choses. Dès-lors tous les auteurs destinent leurs travaux à ce théâtre, parce qu'ils y sont mieux exécutés. Dès-lors les riches capitalistes, les grands de toutes les classes, les amateurs de toutes les provinces, les étrangers viennent en foule applaudir à l'élite des auteurs & des Comédiens. Paris, peuplé d'oisifs, fier de la supériorité de son théâtre, en fait la matière de ses conversations & le principal objet de ses plaisirs. Alors tous les yeux sont fixés sur les acteurs. Ceux-ci, maintenus par l'attention publique, qui ne les perd jamais de vue, se gardent bien de choquer les regards & de provoquer le mépris par une conduite scandaleuse. La perfection de leurs talens fait toute leur ambition & remplit tous leurs loisirs.

Avec tant d'avantages qui n'appartiennent qu'au théâtre de Paris, on ne peut disconvenir qu'il est encore loin de ce qu'il pourroit être. Et pourquoi ? L'amour propre, le premier ressort du génie, le mobile de toutes les grandes actions, n'est ni assez ménagé, ni assez aiguillonné dans les Comédiens. Ils reçoivent, à la vérité, plus de considération & plus d'encouragement à Paris qu'ailleurs. Mais ils essuient encore des mortifications & des peines. Le public, fort du préjugé qui les avilit, s'érige en tyran, & les tient dans une dépendance servile & humiliante. Ces étranges & subites transitions de l'éloge à l'insulte, si familières au parterre & souvent si mal fondées, étouffent un talent qui déjà se développe. Elles éloignent du théâtre une foule d'artistes supérieurs, dont le génie est perdu pour la nation & pour l'art. Endoctrinez le public sur cette absurde injustice ; il vous dira qu'il est encore trop indulgent envers des victimes que l'opinion voue à l'opprobre. Otez-lui donc cette excuse barbare ; anéantissez ce préjugé destructeur. Que le public voie, dans le Comédien, son égal, & de plus un

B 3

artiste. Que, sous ce double rapport, il lui rende au moins les devoirs de la décence & de la civilité. Que le silence soit le châtiment de la médiocrité, & non pas le sifflet. Aussi tôt les entraves données au talent disparoissent : la timidité n'en resserre plus le développement dans les uns ; l'insulte & l'avilissement n'éloignent plus les autres. Bientôt l'art du Comédien parvient, comme tous les autres arts, à sa perfection possible.

Mais le moyen d'anéantir ce préjugé ? Je n'en vois qu'un. Il faut faire du Théâtre François une institution politique : il faut l'organiser à l'instar des théâtres de la Grèce, où la profession du Comédien étoit aussi honorée qu'honorable. Je me rendrai plus clair dans la troisième section de cet écrit. J'y démontrerai l'utilité politique qui peut résulter du Théâtre de la Nation. Cette utilité politique bien démontrée & universellement sentie, bientôt le préjugé disparoît. Jamais l'opinion publique n'a flétri des institutions utiles. J'en appelle aux théâtres de la Grèce. Un des prétextes du préjugé étoit le danger des institutions théâtrales pour les mœurs & leur inutilité dans l'ordre social. Or ce prétexte est anéanti par mon système.

La législation corroborant ensuite l'opinion publique (car celle-ci doit toujours précéder les loix & les dicter, sans quoi les loix sont sans effet), la législation attribuera au Comédien les prérogatives du citoyen & les diſtinctions dûes à l'artiſte. Auſſi-tôt l'amour-propre, ſûr de n'être plus offenſé, prend ſon eſſor. L'émulation, dégagée des entraves de la crainte & de l'infamie, enflamme tous les talens. La carrière dramatique, déſormais honorable, ſe remplit d'une foule d'athlètes juſqu'alors obſcurs & méconnus. Toutes nos richeſſes enfouies ſont étalées au grand jour. Nos jouiſſances ſe multiplient; cette efferveſcence dans les talens du Comédien en produit une équivalente dans ceux de l'auteur. Car, où vous aurez des acteurs médiocres, vous aurez des auteurs médiocres; les progrès des uns tiennent eſſentiellement au progrès des autres. Les formes impoſantes & dramatiques du Comédien paſſent ordinairement dans le génie de l'auteur, & agrandiſſent ſon imagination. Ces mêmes formes élaborées, augmentées & perfectionnées par l'auteur, ſont rendues plus belles & plus ſublimes, & plus neuves au Comédien (1). Ainſi, l'art s'approfondit, s'étend & ſe perfectionne. Bientôt la renommée publie nos merveilles juſqu'aux extrêmités du monde éclairé. Les étrangers accourent plus que jamais dans la capitale, pour les admirer,

---

(1) Je ne ſais ſi bien des gens ſeront de mon avis; mais je crois que telles ſcènes admirables d'une tragédie n'auroient jamais exiſtées, ſi l'auteur n'en avoit ſaiſi la coupe & le deſſin dans les brillantes formes des Barons, des le Kains, &c.

& la dépopulation que notre future constitution y doit nécessairement occasionner, sera en quelque sorte réparée par la célébrité du Théâtre national.

Car, je le dis en passant, si la Municipalité Parisienne veut conserver la magnificence de sa cité, ou du moins prévenir sa décadence entière, elle n'y parviendra qu'en protégeant les grands théâtres, & en les fortifiant par la destruction des petits. Les grands théâtres augmentés & perfectionnés fixeront, dans Paris, le luxe, les arts & les plaisirs, qui sont les causes principales de sa splendeur & de son excessive population.

TROISIÈME SECTION.

J'ai dit que le troisième moyen de régénérer le Théâtre François seroit d'en faire une institution politique. Je m'explique.

La meilleure législation n'est pas celle qui est la plus conforme aux notions fondamentales & éternelles de la nature & de la raison. Le code romain, ce chef-d'œuvre immortel de sagesse, peut très-bien être appelé une législation parfaite, si on le dépouille de ses applications & de ses rapports. Mais, eu égard aux Romains, pour lesquels il a été fait, ce code est imparfait & vicieux. Il a précédé de si peu la chûte de l'empire, qu'on seroit porté à croire qu'il l'a accélérée, au lieu de la prévenir. Cependant l'objet d'une législation est d'assurer l'exécution du pacte social, c'est-à-dire, de conserver l'ensemble du corps politique & d'empêcher sa dissolution. Le code romain, il est vrai, s'est répandu sur presque tous les points du globe, qui l'ont adopté, soit en totalité, soit en partie. Mais sur presque tous les points du globe nous avons vu les grands états se dissoudre, & remplacés par d'autres états, qui bientôt ont essuyé le même sort. Il est donc certain que la législation romaine, si belle & si sublime dans la spéculation, est imparfaite & nulle dans la pratique.

Or, si un code fondé sur les règles principales de l'humanité n'est qu'un code inutile, il faut donc étayer la législation par d'autres rapports. Ces rapports essentiels & fondamentaux, sans lesquels point de constitution, sont l'étude du climat & du caractère national. Une société resserrée par des loix qui heurteroient ces deux principes, seroit bientôt rompue par la réaction sourde, mais continuelle & invincible, de ces deux forces qu'on ne sauroit ployer. Ce dogme politique, si bien senti des Lycurgue, des Numa, des Mahomet, n'a pas même été soupçonné par les savans jurisconsultes de Justinien.

Mahomet, chef d'un peuple né au sein des chaleurs méridionales, & conséquemment ardent & voluptueux, lui créa une religion & des loix qui, loin d'enchaîner le penchant national, en augmenta le ressort & en précipita l'explosion. Aussi son peuple, toujours fanatique, jamais divisé, étoit un peuple de héros. Si la volonté de ce législateur eût été scrupuleusement accomplie, les Musulmans eussent infailliblement envahi l'univers. L'Alcoran, tout dénaturé qu'il est aujourd'hui dans son interprétation & dans son exécution, est cependant encore la seule chaîne forte qui arrête la désunion & la chûte du plus vaste empire de l'univers. Le Musulman énervé, presqu'abruti, n'a plus ce délire impétueux, que lui souffloit son prophète. Sans génie, sans culture, sans essor, il est au-dessous d'un homme ordinaire. Néanmoins il fait poids dans l'équilibre de l'Europe, parce que sa législation n'est que le résultat bien combiné de son climat & de son caractère.

La France soupire après une constitution. La révolution dont elle est aujourd'hui le théâtre, a pour causes les progrès de la philosophie & le désespoir de l'oppression. Cette même révolution, quoique naissante & toujours active, présente à l'œil de l'observateur trois résultats futurs, mais incontestables, la liberté, l'égalité, l'harmonie; autrement l'empire françois est détruit. Ces trois résultats donnés, la génération présente en jouira, parce qu'ils seront son ouvrage, & parce que d'ailleurs les impressions du despotisme & des vexations ministérielles ne s'effaceront jamais de sa mémoire.

Mais qui nous dit qu'ils feront tranfmis aux générations futures ? Tel eft, à la vérité, le but de la conftitution ; mais il faut le remplir.

La frivolité du François, la douceur de fon climat, la fertilité de fon territoire font fingulièrement nuifibles à l'affiette d'une conftitution libre. Un ufurpateur adroit & politique, s'il fait amufer cette frivolité, faire valoir au peuple les avantages de fon climat & employer la fécondité du fol à l'aliment de fes befoins, captivera tôt ou tard le François ; & ce dernier ne brifera fes fers, qu'après une longue & douloureufe oppreffion. La Nation a dormi trois cents ans dans le fein d'une adminiftration arbitraire : à peine quelques philofophes fublimes, vrais préfens des cieux, veilloient pour elle. Affoupie par cette fatale fécurité qu'un defpotifme adroit a fu long-tems maintenir, il a fallu l'excès de l'oppreffion & la concurrence de plufieurs fléaux pour l'éveiller. Sans la difette des grains qu'un gouvernement fage eût pu prévenir, la révolution préfente n'eût pas été fi rapide ni fi générale ; peut-être même n'eût-elle pas eu lieu : tant le François eft naturellement peu folide & peu politique !

Or, n'eft-il pas à craindre qu'il dorme fous le régime de l'égalité & de la liberté, comme il a dormi fous celui de l'oppreffion. Ce fommeil feroit plus fatal que le premier. Les oppreffeurs veilloient au moins à la confervation de leurs ufurpations.

Ils avoient l'œil ouvert sur les étrangers. Aujourd'hui nous seuls veillons sur nous. Ce beau code philosophique, que nos législateurs nous préparent, ramenera cette sécurité si terrible pour un peuple frivole, que ni l'ingratitude du sol ni l'inclémence de la température ne tiennent en haleine. De cette sécurité dériveront l'oubli des grands principes, l'anéantissement d'une sage & craintive prévoyance, qui seule peut tenir les ressorts d'une grande machine dans une activité continuelle. Bientôt les mouvemens cessant, l'ensemble se dissout.

Ces conséquences successives émanent, comme on le voit, de cette frivolité nationale. Il faut donc la détruire, si nous voulons une constitution durable. Mais malheureusement cette frivolité n'est pas plus à notre disposition, que le sol que nous cultivons, & que l'air qui nous entoure. Sur une terre ingrate & stérile, le François aiguillonné par ses besoins seroit laborieux, opiniâtre, grave, industrieux : mais dans un climat où la nature riante, facile, centuple ses productions, l'indigène n'a qu'à jouir. La tête travaille quand les bras sont immobiles. De-là naît notre frivolité qui, comme on le voit, est un vice territorial. Ne songeons donc point à l'extirper, mais à la guider vers l'utilité commune. En Turquie, la constitution pose sur la volupté; en Angleterre, sur une logique froide & réfléchie : en France, elle doit poser sur la frivolité.

Or, voici la manière dont j'emploierois cette frivolité, pour en faire un des étais de notre constitution. Les agens du despotisme m'en fournissent eux-mêmes l'idée. Ils ont combiné cette frivolité dans toutes ses modifications & dans tous ses effets. Ils ont calculé sa portée. Imitons-les.

L'enfant quittant ses maillots & attendant le lever de la raison, occupe sa nullité par des frivolités. Sans doute la frivolité du François est d'un autre ordre. Il a la prétention de l'assaisonner par les graces, la politesse & le savoir. Sur des riens il sème des fleurs & de l'érudition. Ce goût pour les embellissemens & pour les recherches, il le porte jusque dans ses plaisirs. Les jouissances champêtres & patriarchales sont les plus éloignées de ses mœurs. Aussi les théâtres, qui rassemblent le double avantage de présenter la science embellie par les graces, sont-ils, en France, une manie nationale?

La science que les ministres despotes ont jusqu'à présent permise au Théâtre François, étoit, comme je l'ai dit, mitigée & remplie de maximes antiphilosophiques. Eh bien! que désormais la philosophie du théâtre soit libre, pure, sublime comme la vérité. Qu'elle tonne contre les tyrans. Qu'elle couronne les héros citoyens. La philosophie, aidée des circonstances, a fait éclore notre constitution; elle seule doit & peut la soutenir. Il faut qu'elle circule dans toutes les classes de citoyen, qu'elle soit le catéchisme de l'enfance & le guide de la virilité. Pour que sa rosée bienfaisante se répande dans toutes les parties de l'empire, je ne lui connois pas d'autres véhicules que les théâtres.

Que nos auteurs tragiques abandonnent les sources de la mythologie, fécondes, il est vrai, mais sans utilité pour le corps politique. Qu'ils mettent en scène les obscures manœuvres de nos oppresseurs. Qu'ils portent dans ce dédale ténébreux le flambeau terrible de la vérité. Qu'ils peignent la bonté trop facile d'un roi patriote, investi de pièges, assiégé d'imposteurs & d'égoïstes. Qu'ils représentent l'entrée triomphante & paternelle du Restaurateur de notre liberté dans sa capitale. Que leurs poëmes échauffés par le sentiment & parés des charmes de la diction, nous soufflent l'enthousiasme du patriotisme & l'amour de notre constitution. Qu'ils soient des tableaux animés & fidèles, où les ambitieux, les despotes, les usurpateurs soient peints à grands traits & sous des couleurs brûlantes. Qu'on y lise les abus de notre législation & les moyens d'y parer. Nous ne verrons plus, il est vrai, sur nos théâtres, les belles horreurs, les sublimes atrocités du sang des Pélopides; mais nous y trouverons, en revanche, le tyrans punis, les patriotes récompensés; nous y trouverons une école de politique & de législation, des annales historiques & philosophiques, à jamais mémorables, qui aviveront fans cesse l'arbre de la constitution & fortifieront sa tige.

La comédie peut, comme la tragédie, coopérer à l'utilité commune, mais sous des formes différentes. Jusqu'ici elle a plus amusé qu'instruit, quoique sa devise soit d'instruire en amusant. Toutes nos bonnes pièces comiques sont la plupart des imbroglios, des méprises, des mal-entendus, des tuteurs dupés, des fourberies d'amans & de valets; & nous avons peu de bonnes comédies vraiment utiles. Pourquoi? Parce que, jusqu'à ce jour, les François sont venus au spectacle, ou pour rire, ou pour se montrer. Cette frivolité dans le goût national a forcé les auteurs & les Comédiens à y souscrire. D'ailleurs, une comédie qui auroit contenu de grandes vérités, eût infailliblement été proscrite par la censure.

Mais aujourd'hui, si le Théâtre François devient une institution politique, je ne permettrois les qui-pro-quo, les ruses & les situations purement comiques, qu'aux ouvrages en un, deux ou trois actes. Mais les grandes comédies auroient nécessairement un but politique. Elles sapperoient toutes les qualités antisociales; l'égoïsme, par exemple, le fléau le plus terrible du corps politique, & qui, dans le siècle présent, offriroit à un observateur consommé vingt caractères neufs & vraiment dramatiques. Elles sapperoient la cupidité, l'intérêt, l'orgueil, passions qui souffrent mille modifications & mille nuances différentes, & toutes nuisibles au corps social, dont elles relâchent les nœuds & minent sourdement l'édifice. La comédie maintenant les vertus sociales dans la vie privée, comme la tragédie les maintiendroit dans l'état, le Théâtre François deviendroit un des premiers garans de la félicité publique.

Mais, va-t-on m'objecter, quel seroit le moyen de soumettre la tragédie & la comédie au but politique que vous indiquez? C'est-là précisément l'objet de ma Pétition à la Commune, qui ne sera, d'ailleurs, que le résumé des idées que j'ai ci-dessus développées.

PÉTITION.

ARTICLE PREMIER.

Il faut anéantir tous les spectacles subalternes, dans la capitale, & n'y laisser subsister que l'Opéra, le Théâtre François & le Théâtre Italien, dans lequel seroit fondu le Théâtre de Monsieur.

ARTICLE II.

Il faut interdire au Théâtre Italien la faculté de représenter aucunes pièces françoises, soit comédie, soit tragédie, soit drame, sous quelque dénomination que ce puisse être, parce qu'elles seront
désormais

désormais le domaine exclusif du Théâtre François. Le Théâtre Italien jouera alternativement l'opéra comique-italien & l'opéra comique-françois. Ces deux branches sont assez lucratives.

Article III.

Les talens dans tous les genres ne prennent d'essor qu'autant qu'ils sont libres. Les chaînes rouillent l'ame, & insensiblement l'abrutissent. Ainsi les Comédiens resteront libres administrateurs de leurs bénéfices & de leur régime intérieur. Ils auront la faculté pleine d'admettre ou de rejeter les ouvrages qui leur seront présentés, parce qu'ils joueroient mal, j'imagine, un ouvrage qui ne seroit pas revêtu de leur approbation.

Article IV.

La concorde & l'harmonie doit régner dans le corps des Comédiens, sans quoi le service souffriroit. Ainsi ils auront la même faculté d'admettre ou d'exclure les débutans, de fixer les parts dans le produit & de les distribuer.

Article V.

Comme les Comédiens peuvent s'abuser sur le choix des ouvrages, & comme l'expérience journalière nous prouve que, sur dix, il en tombe

C

huit, ce qui multiplie infructueusement les travaux & les dépenses des Comédiens, il sera établi un comité de censure, dont je fixe ainsi l'organisation & les fonctions.

Article VI.

Ce tribunal, ou comité, sera composé de cinq membres électifs & annuels, nommés par la totalité des Représentans de la Commune. Il relira les ouvrages qui auront été admis, & qui lui seront présentés par les Comédiens. Il vérifiera, sur-tout, si les tragédies & grandes comédies remplissent le but politique dont j'ai ci-dessus parlé, & il ne les admettra qu'à cette condition.

Article VII.

Au moyen de l'établissement du comité de censure, l'autorité des Gentilshommes de la Chambre & des Censeurs Royaux, sur le Théâtre François, cessera. Et le Théâtre François conservera son régime actuel, à la différence des modifications ci-dessus apportées.

Article VIII.

La Commune sera suppliée de ne point consentir l'établissement de deux théâtres rivaux. On prétend que ce seroit le moyen de régénérer les talens. J'improuve cet avis. Deux théâtres s'entrechoqueroient & souffriroient l'un par l'autre. La rivalité ameneroit l'animosité ; l'animosité engendreroit les cabales, qui porteroient le tumulte dans les salles & le découragement dans les acteurs. Chaque citoyen auroit son théâtre adoptif, qu'il soutiendroit en déprimant l'autre. Les talens du Comédien & de l'auteur seroient livrés à la merci de cette partialité dangereuse, qui les sacrifieroit & qui fomenteroit dans le public une guerre intestine, dont on ne sauroit trop appréhender les suites. Des riens naissent les grands évènemens.

D'ailleurs, les bénéfices diminueroient de moitié, puisque les spectateurs seroient partagés. Les avantages étant médiocres, les sujets le deviendront également. Sans parler des atteintes mortelles que ce double établissement porteroit au goût; un théâtre, pour se distinguer de son rival, ne manqueroit pas d'adopter une marche toute opposée, des principes tous différens, soit dans le choix des pièces, soit dans celui des acteurs. Dès-lors les deux théâtres professeroient les deux extrêmes ; & le juste milieu, où le goût réside, ne seroit gardé par personne.

Telles sont les idées qu'un jeune-homme impartial soumet aux lumières de la Commune. Son vœu le plus ardent seroit qu'elle daignât employer une partie de ses soins à la conservation & amélioration d'un art professé par Molière, & d'un théâtre qui renferme les plus belles productions de génie, dont la France s'honore, & dont nos voisins sont jaloux.

FIN.

www.ingramcontent.com/pod-product-compliance
Lightning Source LLC
Chambersburg PA
CBHW060716050426
42451CB00010B/1480